Leserabe

Vor-
Lesestufe

THiLO

Dinosauriergeschichten

Mit Bildern von Heidi Förster

Ravensburger

MIX
Papier | Fördert gute Waldnutzung
FSC® C111262

3 5 7 6 4

Ravensburger Leserabe

Postfach 2460, 88194 Ravensburg
Umschlagbild: Heidi Förster
Fachberatung: Dr. Birgitta Reddig-Korn
Printed in Germany
ISBN 978-3-473-46207-0

ravensburger.com/service
www.leserabe.de

Inhalt

Ein gefährliches Spiel

Iggy ist ein  und Steffi ein .

Trotzdem sind sie beste . Am

liebsten spielen sie im .

Doch heute wollen sie sich den 

anschauen.

„Da gibt es immer so lustige “,

freut sich Iggy.

„Seid aber vorsichtig“, warnt Mama

. „Der  beim 

ist matschig. Dort können schwere

 schnell versinken.“

Steffi rollt genervt mit den .

„Jaja, Mama“, sagt sie. „Natürlich

passen wir auf.“ Iggy lacht.

Bis zum  ist es weit. Auf dem

 dorthin verändert sich das 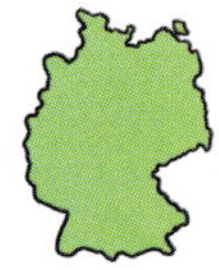.

Die  sehen hier anders aus.

Ihre  sind groß und breit.

„Wie die  von einem !“,

findet Iggy.

Als sie beim  ankommen, rümpft

Steffi die . „Ürks!“, ruft sie. „Hier

stinkt’s wie faule 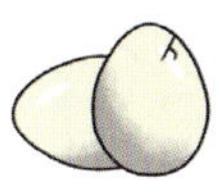!“

Iggy nickt mit dem . „Ja, das sind

die “, meint er.

Doch was ist das? Plötzlich kann

Iggy sein 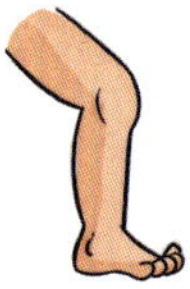 nicht mehr heben.

Es steckt im  fest.

„Hilf mir!“, ruft der kleine .

Steffi stellt sich auf die .

Sie versucht Iggys  zu packen.

Doch ihre  sind dafür zu kurz.

Iggy steckt nun schon bis zum 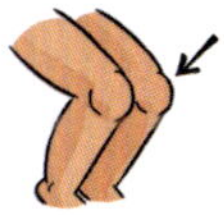

im . Schnell wie der  rennt

Steffi vom  weg.

„Ich bin gleich wieder bei dir“, ruft der

kleine  noch.

Im  muss Steffi nicht lange

suchen.

Ein  kann sich nicht gut

verstecken. Dafür sind sein 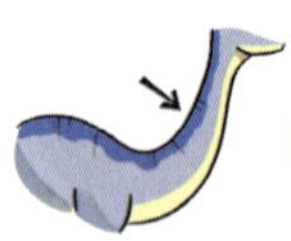 und

der 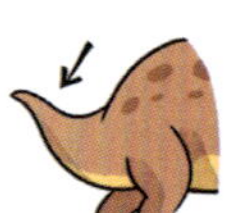 viel zu lang.

Steffi klopft an sein 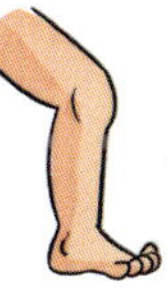 .

Langsam senkt der  seinen  .

„Hallo!“, sagt er kichernd. „Wo drückt

der  ?“

Hastig erzählt Steffi, was passiert ist.

„Du musst uns helfen“, bettelt sie. „Sonst

versinkt Iggy im  !“

Das 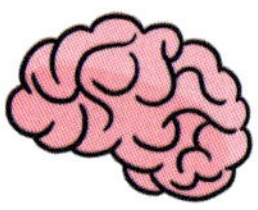 eines 

ist nur so groß wie eine .

Aber er ist sehr hilfsbereit.

Als der  zum  stampft,

wackeln die .

Iggy ist schon bis zum  versunken.

Der  bleibt auf festem 

stehen. Aber sein 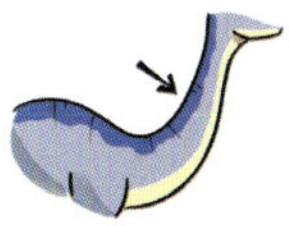 reicht bis zu Iggy.

Der kleine  packt den 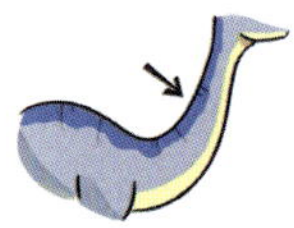

ganz fest. Vorsichtig hebt der 

seinen . Und schon bald ist Iggy

aus dem  befreit.

„Danke“, ruft Iggy. „Ich würde dir gerne

ein  machen.“

Da lacht der . „Das habt ihr schon“, antwortet er kauend. „Die  hier schmecken viel besser als im . Ohne euch hätte ich diese  nie gefunden.“

Wer war der Eierdieb?

Strahlend geht die  über dem  auf. Mama  zählt ihre 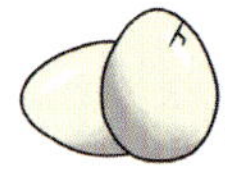. Für ihr  hat sie mit ihrem  einen tiefen  gezogen, zwölf  hineingelegt und mit  bedeckt. So kann die  sie nicht austrocknen.

„… neun, zehn, elf …“, zählt Mama . Aber wo ist das zwölfte ?

Sofort zählt Mama  ihre  nochmal. Doch mehr als elf  sind es nicht.

Ihre 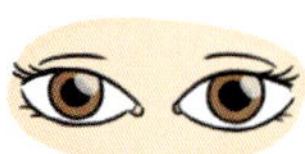 sind zwar nicht gut. Doch die

 sind groß wie ein . Die kann

auch ein  nicht übersehen.

„Ein  hat mein  geklaut!“,

trötet Mama .

„Das war bestimmt ein “,

behauptet ein . „Er ist ein 

und klaut häufig 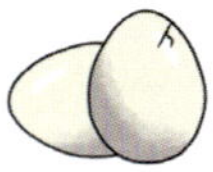.“

Wutschnaubend stampft Mama 

zum  vom .

Der  folgt ihr.

Als der  den riesigen 

sieht, fühlt er sich klein wie ein .

„Ich habe kein  gefressen!“, verteidigt

der  sich. „Ich bin noch satt von

einem . Hier, seht ihr die ?“

Also hebt Mama  ihren langen

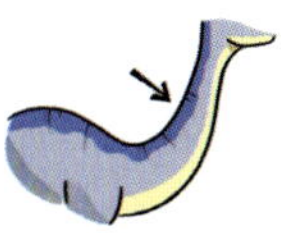 und sucht weiter. Ihr  ist nun

fast in den . Doch das zwölfte 

findet sie trotzdem nicht.

Traurig geht Mama  zu ihrem

 zurück. Ein  ist verschwunden.

Jetzt will sie auf die übrigen elf 

umso besser aufpassen.

Kurz bevor Mama  an ihrem

 ist, tippt etwas an ihr .

Ein winziger  kommt hinter

einem  hervor.

„Mama!“, piepst er.

Mama  beugt sich zu ihm herab.

Nun weiß sie, was passiert ist. Kein 

hat das zwölfte  gestohlen.

Ihr erstes  ist geschlüpft!

Glücklich führt Mama  ihr 

zum  zurück.

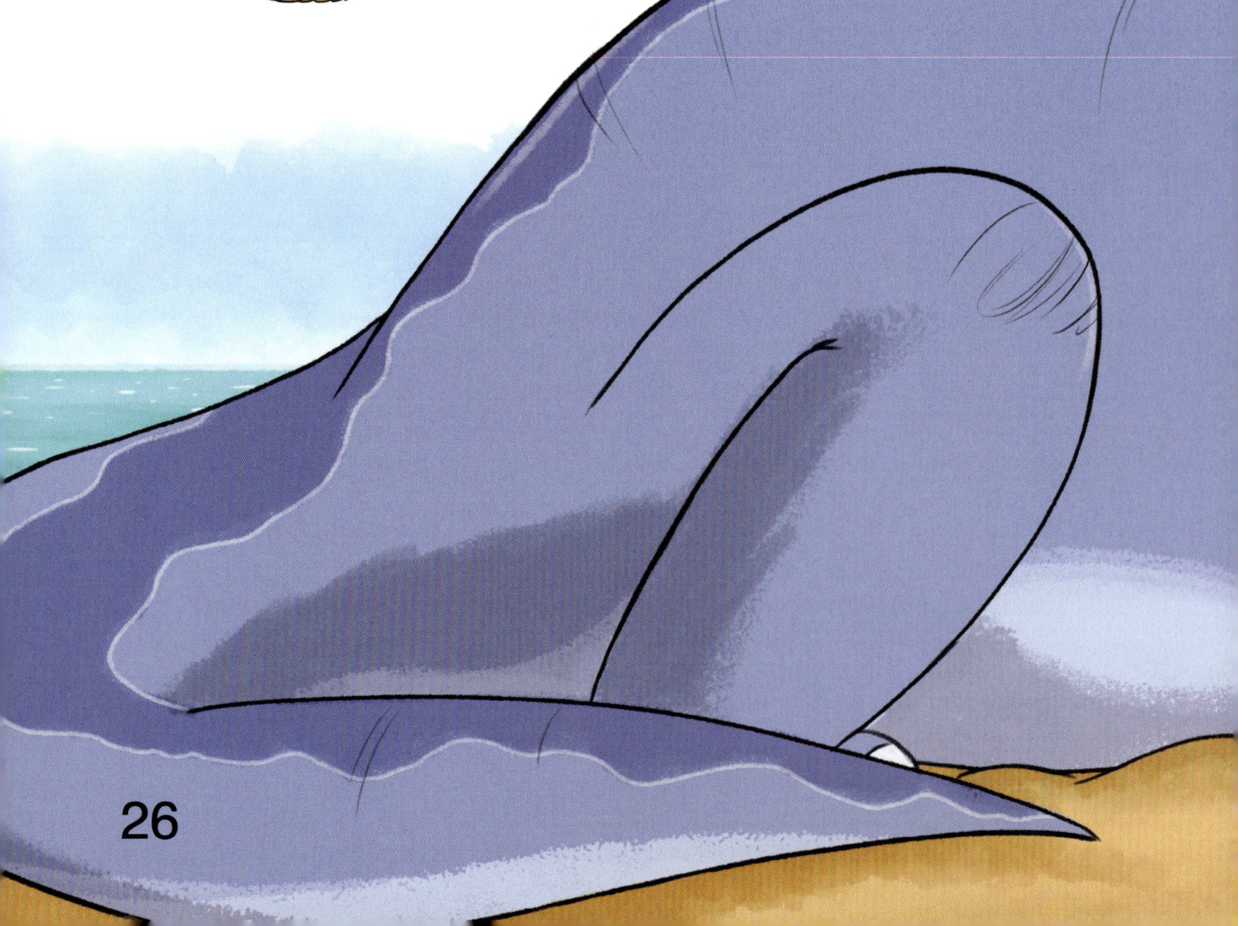

Auch alle anderen  haben schon .

Bald wird sie jeden  ihre 

suchen. Und darauf freut Mama 

sich schon sehr.

Streit in der Triceratops-Herde

Einen  sieht man selten allein.

Viele von ihnen leben in einer 

zusammen. Meistens sind sie friedlich,

denn sie fressen nur .

Doch heute streiten zwei .

„Meine  sind groß wie . Ab jetzt

hört die ganze  nur auf mich!“,

brüllt Hannibal.

„Nein“, schimpft Brutus zurück. „Denn

ich habe noch mehr !“

Alle  laufen zusammen.

Schnaubend stehen sich Brutus und

Hannibal auf einer  gegenüber.

Die  stellt sich in einem  um

sie herum auf.

„Wir werden kämpfen“, ruft Hannibal.

„Wer gewinnt, führt die  an!“

Sofort senkt Brutus seinen  und

rennt los.

Doch auch Hannibal nimmt seinen 

herunter. Die  von Brutus prallen an

seinem 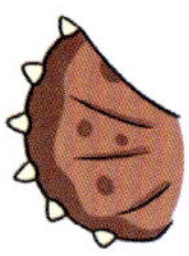 ab. Es ist aus  und hart

wie .

Hannibal stolpert rückwärts, da greift

Brutus an. So kämpfen die beiden

, bis die  untergeht.

Doch keiner der beiden gewinnt.

Plötzlich quietscht ein kleiner 

laut auf. „Ein  ist im !“,

ruft er.

Hannibal und Brutus sehen sich tief

in die . Beide  haben

gut gekämpft. Aber nun müssen sie

die  schützen.

„Bildet einen 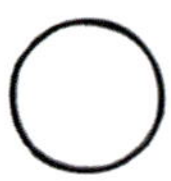!“, kommandiert

Hannibal.

„Genau“, ruft Brutus. „Eure  müssen

nach außen zeigen.“

Hastig treibt Hannibal noch die 

in den 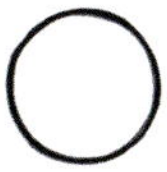. Dort sind sie wie von einer

lebendigen  geschützt.

Kurz darauf erscheint der  auf

der . Sein  knurrt.

Doch an die  traut er sich nicht heran. Ihre  sind zu spitz. Gegen so viele  kommt er allein nicht an. Wütend stampft der  in den  zurück.

Die ganze  jubelt.

„Ein  frisst zwar nur “, sagt Hannibal. „Aber den  haben wir trotzdem vertrieben.“

Brutus nickt mit dem . „Ja, weil

die  zusammengehalten hat“,

stellt er fest. „Meinst du, wir könnten die

 zu zweit anführen?“

Hannibal lacht. „Aber klar“, antwortet

der . „Ich kämpfe lieber gegen

einen  als gegen meine .“

Leserabe Leserätsel

Rätsel 1 **Folge den Buchstaben!**

Wohin will Iggy? Folge den Steinen mit D.

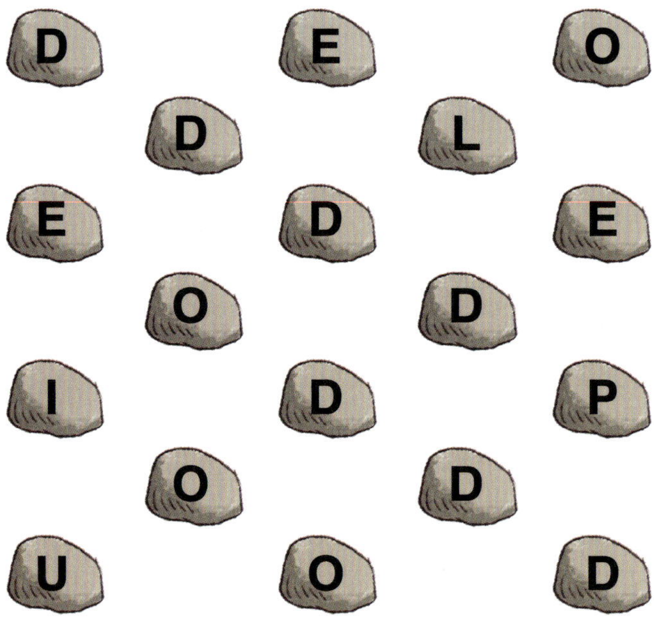

Rätsel 2

Bilderpuzzle

Hoppla, hier sind einige Bildausschnitte durcheinandergeraten. Welche beiden Ausschnitte passen nicht ins Bild?

1

2

3

4

5

Lösungen
Rätsel 1: In den Sumpf, **Rätsel 2:** 2, 5

Rätsel 3

Finde den Fehler!

Findest du die fünf Unterschiede?

Was passt hier nicht dazu?

Rätsel 4

In jeder Reihe passt ein Bild nicht zu den anderen. Welches?

Lösungen
Rätsel 3: Palme, Stein, Schnauze, Flugsaurier, beiger Fleck,
Rätsel 4: Marienkäfer, Farn, Pflanzen

Leserabe Rabenpost

Rätsel 5

Rätsel für die Rabenpost

Worin liegen Mama Brontosaurus' Eier?
Du findest es heraus, wenn du die Bilder durch Anfangsbuchstaben ersetzt.
Lass dir dabei von deinen Eltern helfen!

Lösungswort

Hinterbeine

Schwanz

Vorderbeine

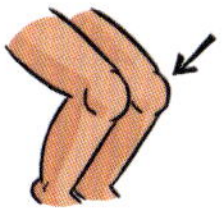
Knie

Blitz

Brontosaurus

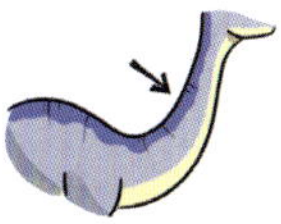
Hals

Schuh

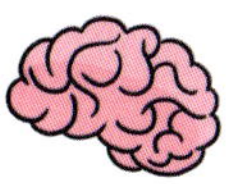
Gehirn

Walnuss

Bäume

Bauch

Gras

Geschenk

Sonne

Meer

Nest

Fuß

Graben

Ei

Iguanodon

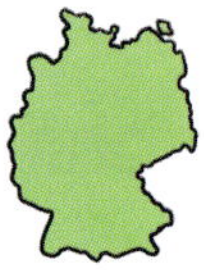
Land

Stegosaurus

Pflanzen

Freunde

Blätter

Wald

Flügel

Sumpf

Flugsaurier

Blasen

Nase

Boden

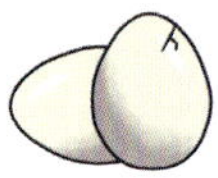
Eier

Dinosaurier

Kopf

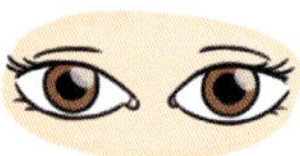
Augen

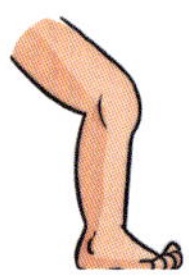
Bein

Weg

Schlamm

Hast du das Lösungswort herausgefunden?
Dann kannst du jetzt tolle Preise gewinnen.

Gib das Lösungswort auf der Leserabe-Website www.leserabe.de ein oder schicke es mit der Post an folgende Adresse:

An den Leseraben
Rabenpost
Postfach 2007
88190 Ravensburg
Deutschland

* Wir verwenden die Daten der Einsender nur für das Gewinnspiel und nicht für weitere Zwecke. Alle weiteren Informationen zum Datenschutz und über unser Gewinnspiel findet ihr unter **www.leserabe.de.**

Leserabe

Lesen lernen wie im Flug!

Mit dem Leseraben vom Lesestarter zum Leseprofi

Vor-Lesestufe
Ab Vorschule

ISBN 978-3-473-46273-5

ISBN 978-3-473-46315-2

ISBN 978-3-473-46282-7

ISBN 978-3-473-46317-6

1. Lesestufe
Ab 1. Klasse
kurz+leicht

ISBN 978-3-473-46313-8

ISBN 978-3-473-46352-7

ISBN 978-3-473-46374-9

ISBN 978-3-473-46375-6

1. Lesestufe
Ab 1. Klasse

ISBN 978-3-473-46099-1

ISBN 978-3-473-46287-2

ISBN 978-3-473-46318-3

ISBN 978-3-473-46025-0

2. Lesestufe
Ab 2. Klasse

ISBN 978-3-473-46059-5

ISBN 978-3-473-46057-1

ISBN 978-3-473-46028-1

ISBN 978-3-473-46283-4

ERZ 24 008

Auf geht's ins Lese-Abenteuer!